Ulrike Berger · Jule Greiner · Franziska Pfaff · Beate Robie · Katharina Schilling-Sandvoß · Matthias Schwabe

Murmelbande

Spiel und Klang
Die Musikalische Früherziehung
mit dem Murmel

Kinderbuch 2

Illustrationen von Kathrin Uthe

Gustav Bosse Verlag · Kassel

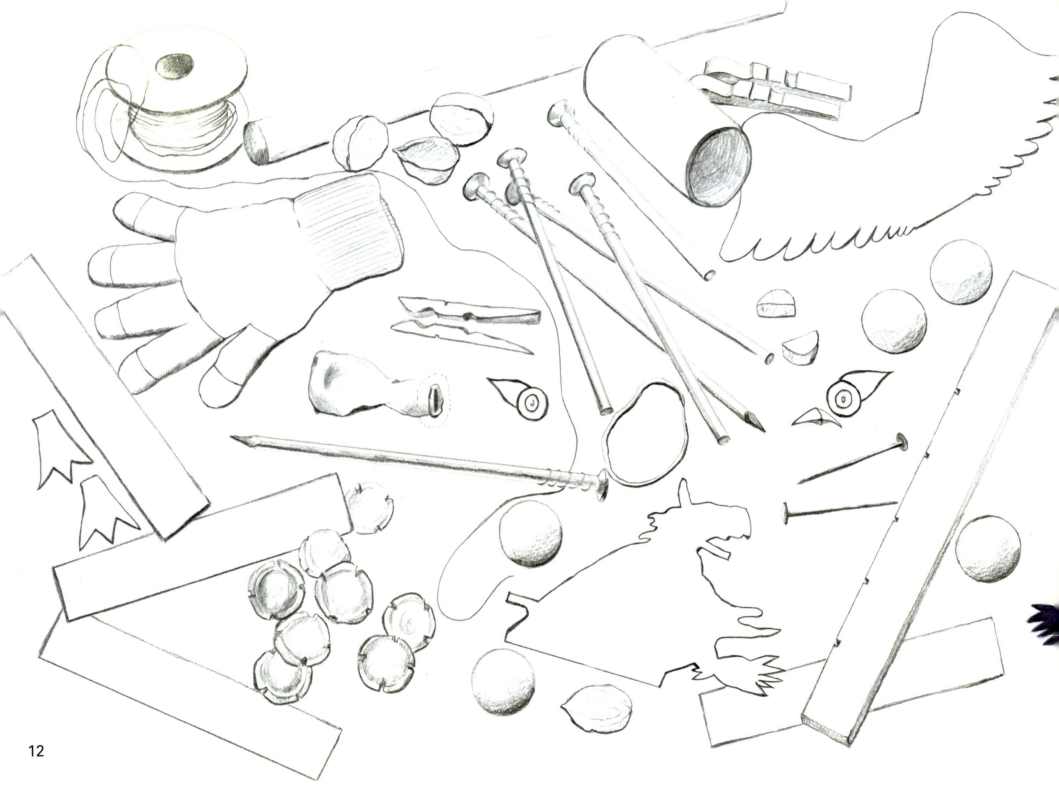